22 CLAREIRAS E 1 ABISMO

Poema-ensaio

Marcelo Ariel

22 CLAREIRAS E 1 ABISMO

poema-ensaio

LetraSelvagem

Grafia atualizada segundo o Acordo Ortográfico da Língua Portuguesa que entrou em vigor no Brasil em 2009.

Coordenação Editorial: Nicodemos Sena
Editora adjunta: Marli Perim
Capa: Cesar Neves Filho
Ilustração da capa: Perfil de Sombra, de Mara Rayel
Diagramação (miolo): Marli Perim
Preparação dos originais e revisão: Nicodemos Sena

O logotipo Letra Selvagem *foi idealizado a partir de cerâmica Aruak, padrões utilizados nas bordas dos vasos, compilados por Koch-Grunberg em 1910.*

Dados Internacionais de Catalogação na Publicação (CIP)
(Letra Selvagem, Taubaté, SP, Brasil)

Ariel, Marcelo 1968 -
22 clareiras e 1 abismo : poema-ensaio / Marcelo Ariel.
1. ed. – Taubaté, SP : Letra Selvagem, 2022.
64 p.

ISBN 978-65-89841-12-8

1.Ensaios brasileiros. 1. Título.
CDD B869.4

Catalogação na fonte: Angélica Ilacqua CRB - 8/7057

Rua Cônego Almeida, 113 - Centro - Taubaté-SP / Brasil - CEP 12.080-260. Telefones: (12) 3426-8783 / (12) 99203-3836.
editoraelivrarialetraselvagem@gmail.com
letraselvagem@uol.com.br
www.letraselvagem.com.br
www.livrariaselvagem.com.br

SUMÁRIO

Para
Alejandro Jodorowski, Liliane Prata,
Mauricio Salles Vasconcelos e Felix Guattari

Breve Introdução do Autor

Este é um poema-ensaio que se insere em uma linha que podemos chamar de escrita selvagem. Desde que Lévi-Strauss cunhou a expressão *pensamento selvagem* para demarcar e ao mesmo tempo desmarcar certas zonas desconhecidas da razão intuitiva dos povos indígenas, a palavra SELVAGEM tem aqui neste poema-ensaio um sentido similar. Encaro o poema do Tarot como um sistema simbólico que sustenta poderosas estruturas de conhecimento quase autônomas. Poderíamos dizer o mesmo do I Ching e de outros sistemas poético-simbólicos que lidam com o terceiro estatuto do conhecimento, a saber, *a invenção/intuição de mundos no mundo*. Em cada capítulo, trato de um ou dois Arcanos, procurando entrelaçar cosmovisão e comunicação simbólica de uma escrita filosófico-poética que pretendo que seja tão selvagem quando o são os pensamentos mais originários e fundamentais do ser humano livre dos véus da consciência apaixonada e da razão nomeadora. É mais do que óbvio que o pensamento poético é selvagem e tende a ser uma visão cosmopolítica ou a tentar despertar isso em você.

O diabo é a força
Mestiçagem de potências

"A música é daimônica, porque, do ponto de vista psicanalítico, aciona os processos primários no ser humano, são as áreas onde reside sua loucura, porque ele entra em um estado prévio de se tornar 'eu". Isso ocorre bastante na música popular contemporânea em que o ritmo tornou-se dominante. A batida intrauterina parece uma linguagem musical do mundo."

Peter Sloterdijk

A maior parte do nosso ser vive num estado que podemos chamar de O Encoberto, como flores que desabrocham debaixo da terra, nos lençóis freáticos do ser onde a linguagem não alcança, a racionalidade com suas capas de nada vale nestas zonas profundas, verdadeiros vales-abismos interiores, para lá devemos descer em estado de nudez, em silêncio, para resgatarmos de lá nossas forças de dentro, ou seja, o resultado e a consequência de nossas experiências e treinos como saberes do abismo; a ascensão para estados de transcendência e inclusão é impossível se não tomarmos essa distância para o salto e voo por cima-dentro-através de nós mesmos, de tudo o que pensamos ser e está a anos luz-milímetros do que de fato somos, em algum nível; de fato, em diversos níveis, estamos separados de nossos atos e de nossos movimentos mais espontâneos por nosso *desejo de controle e de esquadrinhamento desnaturante*, por nossos desejos que podem ser enlaçados por conceitos e logo se tornam projeções preguiçosas, absurdas sombras. Um ditado sufi diz que *o diabo sabe que é inútil chutar borboletas, mas consegue agarrar as águias pela asa;* ele é um ente atopológico feito de discursos, por isso sabe como interromper os voos e saltos quânticos do ser, dizia um Cabalista, amigo meu. Há uma palavra que equivale a um não-fazer e este é o não-lugar onde o encoberto se converte em dissipação e dispersão, o que os saberes antigos chamam de densidade da sombra, não-lugar que é invocado e jamais evocado, não pode ser sentido em estados de transparência-imanência mais afastados da palavra que é como um imã em nós; há palavras que equivalem a chamamentos ao desaparecer dentro dos movimentos da vida para seguirmos os movimentos do mundo, ou seja, da natureza, sussurros quase inaudíveis vindos da criança ontológica, o 15 é de certa forma anulado pelo 7 e pelo 9 cuja soma dá 16 que somado resulta em 7, ou seja, se seguimos o rastro harmônico e nos perdemos nesta senda, nesta busca, quando se manifesta o oposto da sombra, que chamaremos aqui de *alma*, nós não nos manifestamos como entes, mas como emanações, não estamos mais na fantasmagórica dimensão da palavra, mas no reino da energia do silêncio, da ação em estado bruto do não-agir ou da ação em estado de fulgor do agir por intuição nestas luminescências do ser que equivalem a surtos e transes muito delicados como abraçar uma árvore por dentro e outras ações em uma zona do entre que é como uma porta que abrimos e ao ser aberta se metamorfoseia em escada para subirmos para fora do poço, do abismo, da fossa, as dobras nas fendas da ilusão chamada identidade, que os saberes antigos chamam de *curvaturas na presença*, que Jacob Boehme chama de *humildade absoluta onde se cumprimenta uma mosca porque não distinguimos a diferença entre ela e um querubim*, neste estado em que emitimos uma música que não vem de nós e não palavras que jamais fomos, certamente dialogamos com a sombra ao invés de a ouvirmos nos convencer com nossa própria voz de que o mundo nos pertence, avançamos para sentires de levezas tais que não desejamos nem o pertencimento nem o pertencer e apenas atravessamos o mundo na direção de mais mundo e de mais vida e não o oposto como é muito comum em tempos como este que estamos vivendo.

Obviamente, toda metamorfose exige um treinamento em atenção-lentidade-intuição-objetividade, tempos em que por outras vias de ver a vida pode ser um laboratório e uma alquimia de intuições e mestiçagens de tudo com tudo; emoções e pensamentos que não encontram expressão são precisamente atos a serem inventados, a partir não de um ponto de tristeza e estupefação, de paralisia e de dispersão nadificante, mas de um ponto de voracidade, de fome, de sensibilidades que não têm um centro ou um alvo e se espalham no espaço naturante; força e necessidade são como tempo e espaço, procuram uma amizade e uma harmonia que podemos traduzir como mestiçagem de potências; atos falhos são o equivalente da manifestação de raios, de relâmpagos do ser que está por dentro do encoberto; por fora do encoberto há *o aberto*, uma disposição e um discernimento daquilo que estes atos falhos estão dizendo, do poema dos atos falhos, a disposição para o aberto seria como o abandono; a serpente que não pode deixar a pele, morre, pois não se abandonam apenas os corpos mortos dentro do nosso corpo, abandonam-se os corpos psíquicos das fotos na direção de uma força que nada tem a ver com identidade mas com o desejo por mergulhos naquilo que se revela como impossível de ser, principalmente de ser dito, que entre o pensamento e a expressão nos espaça, que as placas da sensibilidade apontam como um 'não saber' e que deve ser inventado, que nossos atos falhos cantam, que o surto desenha como força, às vezes, uma mestiçagem de intensidade que procura furar o tempo, fúria que pretende destruir a trava na língua dos gestos, coisas que vindo à tona se mostram em suas primeiras camadas como fragilidade e são forças, o levantar-se da cama do viajante, o primeiro passo do nômade, os olhos fechados do músico de jazz anunciam estas forças do mesmo modo que são os primeiros riscos no mapa de lugar nenhum em nossa pele que possui dois lados porque vivemos em dois mundos simultaneamente, e estes dois lados da pele são a primeira mestiçagem de potências.

Perguntam-me sempre: "Você fala em 'viver a vida como um poema', mas isso é possível com contas a pagar e demandas da burocracia e da velocidade, da dissipação do cotidiano?". E meu comentário é sempre outro para cada momento querendo dizer o semelhante com palavras diferentes; a escultura de si começa pela escuta das forças que estão dentro de você, são as forças de dentro que querem viver a vida, o encontro das forças que vêm de dentro com as potências naturantes do mundo, cada vez mais refratárias do humano, podemos chamar de *dançar com o leão, uma dança que começa quando ele abrir a boca, dançaremos o rugido do leão*, usando nosso medo como força, como coragem; num movimento gracioso dançar a vida seria o mesmo que vivê-la como um poema. Quando digo que li o *Ulysses* de

James Joyce na fila de um Banco, que as filas são esplendorosos vazios a serem preenchidos com a meditativa potência contemplativa, que as esperas são exercícios de diálogo com potências mundificantes que estão em estado de sono dentro do olho cosmovegetal. As forças de fora que nos separam destas pequenas iluminações são aquilo que podemos chamar de *o mal*. Obviamente, não existe o mal no sentido cósmico e para o ser ele é algo muito importante, como germinações do medo que produzem disposições insurrecionais, porque acordar em uma manhã num mundo como o nosso é um ato de insurreição e pouca diferença há entre se espreguiçar e abrir a boca do leão. Um ponto importante é sabermos que estes três pássaros, o pássaro do amor, o pássaro do medo e o pássaro da poesia voam muito próximos um do outro; ao avistarmos o voo do pássaro do amor ao lado do pássaro do medo, vemos a luz; um pássaro de cada vez pousa em nosso corpo. Um sufi chamado Ibn Ra Bi costumava dizer, comentando *o encontro dos pássaros*, que, se os três pássaros pousam em você novamente, você nasce de novo. O fato é que nenhuma força de fora, nenhum governo, nenhum poder humano pode cancelar o voo desses três pássaros.

A imper/atriz
Metamorfoses da dimensão cênica naturante

Este movimento que estamos fazendo *do imperador* para *a imperatriz* parece-me um *movimento justo* e em conformidade com *a natureza*, ou seja, com *o sagrado*.

A carta apresenta em três partes: a curva das asas – existe uma tradição sufi chamada *escola da asa* que afirma que o feminino é de fato *o esconderijo da asa* ou que existe uma *curva da asa* representando *os poderes de representação da alma*, ou seja, *daquilo que é comum a todas as coisas. Só existe uma alma para todas as coisas, uma alma nômade e sem nome*, existindo segundo esta escola apenas uma única alma para todas as coisas, a presença visível das coisas é *a sombra desta alma* e também a *máscara desta alma* a representação, como se a *alma* fosse *o ator/atriz* e *as coisas* fossem *o/a personagem*. Dizer *alma* e dizer *asa* seria a mesma coisa, sendo o caminho na direção do *ator-atriz* que está por trás de *cada representação visível do mundo*, a chamada *escola da asa* ou *escola da alma* que busca *desvelar a alma* que se esconde *dentro das coisas*. Sendo a *parte invisível* sua máscara e sua sombra, a questão seria *como acender e não como ascender*

o IN(*T*)ERNO

In dentro significando *a parte dentro do visível, sendo o visível* uma espécie de *pólen* ou *semente* de uma força *indivisível* e *múltipla desnomeadora*. Que compreende *o ser de todos os seres* que *o taoísmo* chama de *Os dez mil seres*, do ser não mais compreendido como princípio indivisível mas como movimento contínuo. É importante observarmos *na figura o tronco e a cabeça* que desenham *um triângulo ascensional* que pergunta:

Eu sou a produção da materialidade do invisível?

Porque a natureza criadora da vida é sempre nova. Se você fecha seus olhos por oito horas e depois torna a abri-los, percebe que a vida é sempre nova e se refaz a partir de si mesma, como o pensamento do orvalho se refaz a cada manhã primeira do mundo. Represento o feminino que sendo originário permanece nos atributos da firmeza permanente, a grande deusa, a mãe que governa não o mundo dos homens mas o semi-extinto e em nanoexpansão paradiso *terrestre, fonte de todos os seres.*

Em mim se equilibram os princípios ativo e passivo, o visível e o invisível. A inteligência ativa é sustentada por um princípio animal de sabedoria intuitiva e pode despertar a visão intuitiva para a qual o erro é como o martelo no aço em brasa que faz a espada. Assim é possível a elevação do pensamento por dentro do sentimento, sendo o sentimento como a paisagem e a sabedoria como um errar contínuo até que se alcance a região do grande vazio apontando em seu horizonte para o sol do silêncio. *A sabedoria sensível* do pensamento abstrato. Represento a multiplicação que se manifesta através do masculino dentro do feminino, que usa a emoção e o sentimento sem nome como armas capazes de cancelar as armas.

Eu sou o governo exercido através do êxtase do afeto, da graça, da afabilidade, da generosidade, camadas da pele do ser exteriores ao pensar que o unem ao ser de todos os seres no interior do sonhar. Através da *comunicação com a natureza* se estabelece *a unificação* dos corpos de sonho com os corpos exteriores ao sonho.

Você é a possibilidade de comunicação com o invisível através do visível, porque você une os instantes ao infinito através de sua consciência deste momento ao habitar o presente livre de dualidades; em uma esfera de possibilidades, você encontra o sentido das multiplicidades. Havendo em cada coisa *o um de cada coisa* com sua própria voz, mas há uma fonte de onde vêm todas as vozes, a mediação entre o 2 e o 4. Estão em você os pensamentos que unem o microcosmo ao macrocosmo, uma comunicação ainda grosseira do mundo e do entremundo, porque está presa ainda aos sentidos domesticados que podem ser *descondicionados, desregrados, por um treinamento contínuo intra-expansivo das subjetividades.* Havendo no olho uma escuta do interior das coisas visíveis. No ouvido: uma visão da música enterrada e escondida no mundo, *nas esferas mediadoras* dos mundos que compõe os estratos fisionômicos das coisas, havendo no toque das mãos a parte invisível pensante da mesma luz, que está nas estrelas; *o mundo humano se chama crise, o mundo dos homens se chama obstáculo.* Meu mundo se chama *insurreição.*

13

7

Na metáfora da morte

A morte é uma manifestação autônoma do campo movente de metamorfoses, sendo a mais radical a imersão-extinção no sopro de energias da Terra. Por morte entenderemos *o sol das metamorfoses*. Se nosso ser recobre com o nome este *sol* de metamorfoses, não consegue se esconder de seus raios invisíveis. O campo de metamorfoses existe para libertar o *ser* de suas fronteiras e topologias. *Os corpos nascem sem nome* como flores abertas para este campo sem fim de metamorfoses. A morte é encarada como *nascimento para fora do nome* por saberes antigos; ela se manifesta no *sem nome*, é o único *arco do sem nome* onde se realizam as insurreições de *forças* de dentro, ou seja, *potências* emanações do biocosmo de dentro do corpo, sendo a parte invisível destas potências biocósmicas que se aproximam por afetividade imanente de sua parte visível. Podemos dizer que dentro do campo de metamorfoses ela é o núcleo do silêncio que está para os nomes e memórias como um buraco negro que na medida em que se aproxima do portador de uma biopotência agrega todos os seus duplos unificando-os em uma singulariade que não pode ser capturada seja por nomes ou formas. A memória – é importante observar – não está ligada diretamente ao campo de metamorfoses por ser uma criação dos duplos que são dissolvidos *na presença* daquilo que é, não se manifestando como *nome* ou *mente* mas como *natureza*, havendo aqui uma distinção a ser feita entre memórias associadas ao que é, memórias pessoais que são melancolicamente atraídas para o interior deste sol transparente da terra em torno do qual giram as energias visíveis e as memórias que são irradiadas pelos movimentos de entusiasmo no corpo que são memórias que se convertem em impessoais e mitológicas. Nosso corpo não pode conter por muito tempo os inúmeros sopros de energia do mundo que são atraídos pelo sol visível, ou seja, para a estrela e se tornam na morte *presença do mundo no mundo*, a característica de unificação dialógica entre os silêncios do mundo e a ex-presença humana, que não é mais *onde se esconde uma potência do invisível* mas onde *o invisível e o visível* criaram uma espécie de *ser híbrido* que mais do que um nome e para fora do nome *é um lugar* onde se manifesta *o aberto* ou *o céu*, dito e sentido deste modo. Pouca distinção poderemos fazer entre *a morte e o nascimento*, sendo uma a manifestação autônoma do campo de metamorfoses que se configura como expansão de uma transparência digamos absoluta e outra a manifestação que se dá dentro desse campo de metamorfoses que se configura como mediadora da amizade das coisas pelas coisas, fundadora de campos insurrecionais de transformação *da vida em vida*, sendo esta a destinação anunciada por seu *primeiro nascimento* e concluo com uma citação do *tao te king de lao tzu:*

"Ao princípio do Céu e da Terra chamo 'Não-ser'.
À mãe dos seres individuais chamo 'Ser'.
Dirigir-se para o Não-ser leva à contemplação da Ma-

ravilhosa essência.

Dirigir-se para O ser leva à contemplação das limitações espaciais.

Pela origem, ambos são uma coisa só
Diferindo apenas no nome.
Em sua unidade, esse Um é o mistério dos mistérios.
É o portal por onde entram as maravilhas."

7

O entusiasmo é ex( )cêntrico e se manifesta como uma energia movente das esferas vivas *fora de qualquer centro*. O corpo é o condutor de entusiasmos mas os recebe a partir do *aberto*, ou seja, do *nascimento*, notícia da presença do corpo como emanação da *floresta, do céu, das cachoeiras*. Podemos até dizer que o *corpo como poema* é um veículo do nomadismo do entusiasmo; que é possível criar um corpo insurrecional criado para o encontro de grandes alegrias inomináveis que se movem junto com ele e dentro dele; que a partir da abolição de fronteiras de linguagem e de um discernimento intuitivo da amizade, da exterioridade com a interioridade através das coisas, de aberturas para esta amizade, podem ser criados *novos modos de viver a vida*. Podemos aproximar *o carro* da criação de um *corpo-poema* que se pauta por *nomadismos* na direção do *impossível* e o triunfo desse nomadismo poético não é a chegada mas a criação de caminhos por estradas desconhecidas, caminhos por lugares não mapeados. *O corpo como poema se move por estes desertos sem nome que já foram oceanos sem nome e serão florestas sem nome, desertos, florestas, rios-oceanos que estão em potência de sonho dentro de nossos corpos e em potência de sonho dentro das cidades.*

O carro também será para nós um símbolo da ingovernabilidade dos corpos, porque corpos moldados por forças que vêm de dentro são ingovernáveis; dizer forças que vêm de dentro é o mesmo que dizer forças criadoras, é o mesmo que dizer entusiasmo, é o mesmo que dizer insurreição na direção de lugares sem nome, vidas sem nome.

14
A temperança

O andrógino é a destinação da biopotência e não uma metáfora. Nós é que nos deslocamos até o andrógino através da transmutação de energias presas na nomeação em energias livres da desnomeação O *Ser* como manifestação de um trabalho constante de metamorfose destas destinações truncadas da categoria e da polaridade em energias nômades da desnomeação. A transmutação da seiva invisível que nutre padrões harmônicos nas ramagens visíveis do corpo em germinações desconhecidas e sem nome. Os padrões harmônicos são mestiçagens de energias que se deslocam. Somos zonas, espaços onde a autonomia acontece como metamorfose e como deslocamento para os espaços de sonho. Os deslocamentos podem ser chamados de quedas e de desvios. Desde que suas fontes sejam o mais profundo do ser e não as irradiações de seu nome, potencialidades se dão pela inclusão de alteridades como forças topológicas, de desnomeamentos. O andrógino começa com a morte do fragmento e não com a busca de outro fragmento e ele se move dentro da interioridade como a água sem se esparramar, sem vazar, em um movimento de amálgama com as alteridades, a alteridade é sua fonte de energia. Havendo um interesse enérgico pelo ser afetado por alteridades, se inicia o movimento de descentramento no ser que torna possível a sua desnomeação e assim a possibilidade de criação de outros padrões de criação de emanações que não tendo mais o interior como fonte se convertem em germinações. O andrógino é também o agente reparador das energias gastas na manutenção das polaridades. O interior do Sol não é um dia infinito, nem o fundo dos abismos oceânicos é uma noite densa e instransponível, mas o fundo do oceano é como o interior do Sol e nosso eu existe para que, ao desnomeá-lo, possamos sentir no lugar dele esse oceano. Concluo com uma pergunta e uma resposta, que, no fundo, é um convite para o deslocamento. Onde se inicia a energia do andrógino como potencialidade? Na criança, ela está lá como germinação e abertura infinita para alteridades, junto com as energias do não-humano. O animal, que é parte do primeiro movimento para a alteridade, nos espera de dentro do abandono da linguagem em nome da *descoberta do mundo*.

18

Podemos nos mover como se estivéssemos dentro de um sonho. Claro, é sempre assim que nos movemos internamente no tempo e externamente no não-tempo. Chamaremos de tempo o espaço e de não-tempo aquilo que vulgarmente se chama de porta para outros espaços. O tempo que pode ser medido não é tempo ainda e nem alcança o não-tempo, é apenas uma brincadeira macabra, resquício de um antigo uso dos números para adentrar no não-tempo que se perdeu e foi reduzido apenas à sua forma mais precária de roda de quase tempo. A Lua, segundo tradições antigas, irradia os sonhos; é um projetor de sonhos e sustenta o estado de sonho da Terra, ou seja, do oceano que é MAAT.

16
A torre é o raio

Aquilo que liga o céu à terra ou o céu do alto ao céu de baixo pode ser chamado de emanação do corpo no corpo, *vinda da exterioridade* evocada por uma contemplação ativa; seria a escada por onde sobe o corpo até a natureza. Subir, neste caso, está associado a ver; *quando ver deixa de ser algo passivo*, se torna um modo de trazer o céu até a terra ou de romper limites impostos pela expulsão do ser do estar, falando num sentido heideggeriano, e o que é em essência o *ver como ação*, chamado pelos antigos de *começo do céu do alto* (da cabeça) ou *ver com a auréola*, o que exigiria uma saída de si, uma espécie de ver como se você não estivesse ali porque paradoxalmente o *ego* não está realmente nos lugares, ele apenas se projeta nos lugares como memória do desejo. *Estar e ser* operam em osmose quando *o lugar* se manifesta como *ente* no lugar do ente, ou seja, a topologia se dá em seu estado puro, talvez por isso *o ego não ame* nada que não possa estar em relação de dependência ou de pertencimento, ou seja, *o ego não ama*, a queda do homem nesse caso equivale à queda do ego *ou início do transe da terra*. É um equívoco associar este arco à Torre de Babel, a Torre aqui equivale ao ato de isolamento, limitação, fronteira armada à qual o outro só teria acesso pela cessão ou roubo da senha. Senhas que se acumulam mas não configuram um *caos* onde poderia ocorrer a vertigem das línguas geradoras do véu; é um acúmulo de distanciamento e simulações de comunicabilidade. A questão principal aqui é *como sair da torre* que não possui portas de entrada nem de saída, e uma das ações do ver, digamos deste modo, seria *ir aos céus* pela queda vertiginosa. *Queda-vertigem ou queda-surto* na direção da Terra, *ao chegar à terra* como *ninguém*, *como um morto para si* entre aspas. No sentido místico este ente *traz consigo no lugar do ego* uma partícula do *Céu* que ele atravessou. Se torna um pólen, uma semente, um ser de germinações.

17
A estrela dupla

Podemos encarar o desvelamento-nudez como um movimento de saída de si, de início da transparência como emanação. A primeira mutação da interioridade seria este desvelamento-nudez, que os antigos chamavam de verdade transparente ou translúcida significando talvez uma verdade poética, ou seja, uma presença desvelada do pensamento, uma presença desvelada que seria também chamada por alguns saberes antigos de chegada do céu, chegada que exigiria a retirada do véu e fim dos códigos do encoberto, das estratégias do véu, porque qualquer véu ou capa é um força diminuidora da potência da presença do ser no mundo. E quais seriam esses movimentos evocados pela demanda da presença do ser no mundo? A mulher no *arco* desce antes até à Terra, digamos no lugar do Anjo cujo ato é apenas anunciar as potências. Ela desce até à terra movida nesta sua descendência pela água, pelos rios e lagos, pela imanência potente da água que é a potência fundadora destes movimentos da presença do ser no mundo em todas as suas instâncias, aquilo que chamamos de MAAT, *como se o ser viesse da água e ao nos movimentarmos em água. Aqui a água entra como um estado. Dentro deste princípio, a partir de uma transparência ou nudez absoluta da energia ou Alma, é capaz de nos colocar mais próximos do entressonho. Podemos dizer que uma transparência exige outra transparência e uma nudez, digamos, absoluta, esta da água exigiria outra nudez de igual vórtice: a nossa. Acordados da demanda e interessados em uma transparência ou nudez que é a primeira e mais urgente mutação de nossa interioridade, passaríamos a vestir o mundo e não conceitos e a este estado de presença em que o mundo é como que uma emanação que molda novos corpos em nós, corpos de água na água, de terra na terra e assim seguidamente, entraríamos num estado de irradiação da presença do mundo em nós e – o que já foi tocado aqui – da presença do ser no mundo que poderíamos chamar de Estrela. Num estado de pulsação de alteridades envoltórias das energias ou da energia da presença, de fato* somos estrelas *pulsando* a presença da vida, *e, à medida em que essa presença entra como* um sentir verdadeiro *e atravessa, corta nossa interioridade permitindo que ela seja* marcada, trincada *e até* estilhaçada pela presença do mundo *e que fragmentos dos nossos movimentos de desejo escapem entrando em comunicação com* o espaço, *é nesta medida de* mutação, modificação *de algo fixo em algo* movente *que escapa, se expande, se altera, perde seus tesouros e vestes de* rainha e rei, *desvelando seus diversos* raios-*emanações como potências do desejo de estar* e ser *no mundo* sentindo a vida como mundo, *ou seja*, o céu de terra como céu celestial, a nudez do corpo como um movimento do oceano dentro do sol.

A sequência da Lua

Os movimentos de gravitação são os movimentos iniciais de comunicação com forças de fora, com potências da exterioridade. São movimentos apaixonados de figurações do ser, das representações desejantes do ser: diga-me em torno do que gravitas e te direi onde está a tua paixão e que forças moldam um corpo em ti. A questão é: até que ponto esses movimentos de gravitação podem conter neles graciosidade, padrões harmônicos, lentidões e levezas? É preciso inaugurar a gravitação da Graça através do corpo porque todos os movimentos do corpo são cósmicos e todos os movimentos na direção ou em torno do corpo são cosmicizantes. A questão é como sentir *o cosmo* dentro de nossos movimentos apaixonados? As respostas dos antigos saberes a essas questões são múltiplas e envolvem um nomadismo na direção de multiplicidades de linguagens, porque a própria natureza como cosmo é cosmicizante e criadora de demandas de mutações. O ideal seria que cada movimento de gravitação na direção do amado-amada fosse ele mesmo a mutação que de fato anuncia que a gravitação possa ser uma dupla gravitação e até uma múltipla gravitação, uma pulsão que se vê envolvida em uma trama de outras várias forças e potências de diversas gradações, sendo sua vida um movimento sutilíssimo mas extremamente nítido que nasce do fato de *ser afetado* por outros movimentos, ou seja, uma vida que é esculpida por *afetos múltiplos* que se entrelaçam, criando uma imensa rede de irradiações comunicantes tradutórias. C*orpos satélites de corpos* alterados pelo *movimento de infinitude* de um *corpo desmedido* e *nômade* que é ele mesmo *incandescência e irradiação contínuas de vida*. Na oposição a esse corpo desmedido e ininterrupto em seu desejo comunicante de potências inomináveis, *nos erguemos heroicamente e caminhamos através do deserto*.

9
Ou a lâmpada que se acende na solidão

A transmissão da lâmpada não se deve buscar mas irradiar. Aquilo que você busca encontra você. Somos pó da luz, como pó temos um centro movente que sonha a si mesmo e a substância deste centro é luz que se expande para todos os tempos. Como habitar todos os tempos simultaneamente vendo a si como um centro movente que se expande para todos os tempos simultaneamente? A mente é simultânea ao acontecer de todos os fenômenos; eis a casa da mente/semente, *o acontecer* contínuo, *o poema contínuo;* ela é mente e se torna não-mente ao pensar a si mesma como *lugar para o vazio* se ela tende a ser apenas memória que se torne memória do *agora Já. A memória do agora já torna a mente uma expansão para a não-mente*, ou seja, no acontecer simultâneo de todos os fenômenos há um velamento, um manto que encobre a não-mente no círculo de sonho da mente. O que é o mesmo que dizer *encobre o mundo. O acontecer do mundo como fenômeno é oculto para a mente* e nossa tarefa é *descobrir o mundo* deste véu. Esse movimento é feito com *delicadeza-lentidão*. Porque a não-mente é a natureza da árvore, *o modo de acontecer da seiva* equivalente ao modo de acontecer do nosso ser enquanto *pó de luz*. Estamos no quadrado e temos de nos mover até o círculo que se expande até o acontecer dos fenômenos. Olhar o pássaro é apenas ver o pássaro, o céu no quadrado é apenas um teto, *sentir o pássaro* é *sentir o círculo* que une o pássaro ao céu. Nada pode ser visto sem que seja ouvido e sentido enquanto movimento. As coisas possuem uma voz em seu corpo luminoso, que se expande através do círculo dentro do quadrado: *a mente se move no quadrado, a não-mente é a linha do círculo*. O mundo é um sistema de investigação de si mesmo, de estudo de si mesmo. *O mundo é intuição e a vontade das coisas de serem as coisas*. Ao ver a si mesmo como *coisa*, como *vontade e como expansão de um centro até um não-centro*, você se torna uma tatuagem do ser no mundo. *Eu apareço em seus sonhos*. Não como um duplo, mas como uma transparência semiopaca. *Torne-se transparente* através da semiopacidade do mundo, como antes do seu nascimento, como depois da sua morte: *eis a sabedoria divina naturante*. *Tudo o que está oculto* conhecerá sua própria luz, porque você nasceu, eu nasci. Se mova do tempo até o não-tempo, do tudo até o ex-tudo, da *phala* até a *não-phala*, da palavra até a não-palavra, do ex-mundo e do não-mundo até que o mundo se mova até você.

6
Os Amantes

O andrógino e suas alteridades, as polaridades são símiles da alteridade que se divide em dupla interioridade; o espaço da consciência é o campo de mediações entre alteridades radicais e singulares no espaço do entre elas; movem-se no e através do vazio e são lugares intermediários entre o ente e o mundo; para que o mundo entre é importante que o externo, que é a capa de todas as coisas, seja um atravessamento das alteridades, um atravessamento das diferenças chamadas de *metades metas*, ou seja, estamos *com, além e dentro das alteridades quando as atravessamos*. Amizade seria então a criação de um campo de mediações e quanto maior este campo maior o esvaziamento, ou seja, maior *o espaço* para que o mundo entre através de suas alteridades moventes em suas radicalidades singulares, ou seja, em suas diferenças de complementariedades do Ser. Podemos dizer que ao lado do homem – e quando dizemos ao lado seria o mesmo que dizer próximas de sua interioridade que se move e distantes de sua interioridade fixa – estão duas mulheres; uma pousa a mão em seus ombros e lhe mostra o caminho, cria um movimento ativo para *o fora múltiplo*, para a perda de sua interioridade, através da devoção. Este movimento que empurra a interioridade para fora é justamente a criação da singularidade radical, ou seja, *o nascimento* anterior ao nascimento. A outra aponta o segundo caminho, os movimentos de neutralidade, passividade, a *nadificação* e o fechamento da interioridade que se entrega a impulsos criados pela fricção entre o *fora e o dentro* criados pela *dualidade* como paradigma, e, acima desta *figura dotada de um centro movente*, está *o arco do anjo* ou *o arqueiro* chamado também de *a inspiração que vem do alto* ou *a visão intuitiva* e podemos chamá-lo de anjo ou de andrógino, que está apontando sua flecha para *a segunda alteridade* que é apenas um duplo da *alteridade radical*. Essas *três figuras* desenham aquilo que chamaremos de *o sentido da vontade* ou *a potência do ser que se manifesta como "eleição"*. Potencialmente, o Ser pode decidir para onde irá e qual sopro de energia irá seguir: *se a energia do que cria a si mesmo agindo ou a energia do que cria a si mesmo não agindo*. Se vai seguir a energia contínua da criação, que se move no *arco do anjo*, ou a energia do símile da alteridade, que se fixa *ao seu lado;* do seu lado direito está a alteridade similar ativa e do seu lado esquerdo a alteridade similar passiva. No *arco* acontece uma inversão das posições provocada pela disposição de amar, e a esquerda passiva se torna ativa e a direita ativa se torna passiva; os polos são unificados pela disposição para amar *e nesta disposição* onde as alteridades são ouvidas como pontos de ligação com o mundo, uma apontando o fora múltiplo, ou seja, *o espaço da criação*, outra reconhecendo o ser como *um lugar de mediação* entre o céu e a terra. Assim, os *amantes* trazem o céu até à Terra. Nosso corpo é um lugar de mediação com experiências de céu e de terra, nosso coração sustenta o céu, quando todos os fios se soltam dele e sobem, e nossos pés sustentam o céu quando todas as sementes dos passos florescem levando as memórias de um espaço até o outro, mas nosso coração, ao se tornar ativo, cria o mapa do céu para nossos pés subirem *do lugar (Ser) até o espaço (mundo). Céu e terra namoram e nós somos* aquilo que os *une* através da nossa carne. O céu desce até à terra através da nossa carne; a terra sobe até o Sol cujos raios são as flechas do despertar de *outro* mundo em *outra* vida e de *outro* mundo em *outro* tempo. O Sol beija a Terra e quando uma boca toca a outra o sopro, que é a alma *que é a matéria-energia da alma*, atravessa como a flecha do cupido em todas as direções e tudo e de todas as coisas.

Arcano 8
Issa وه اذه ou a justiça como um campo aberto às alteridades

O movimento de moto-contínuo das interioridades, o entre, é idêntico ao lugar dos movimentos iniciais do ser; ele precisa de um espaço vazio para se mover, o que iremos chamar aqui de *topologia do entre*, que podemos sentir como uma topologia de equilíbrio entre duas potências, mas não como uma topologia da ambiguidade ou da neutralidade. Neste arcano a topologia do entre está representada como uma mulher que olha para o presente, como um campo de mediações entre as potências, o que torna o próprio presente uma potência de mediações não entre devires, mas entre forças, pulsões do fora e pulsões do inalcançável e do impossível. Para as quais existimos quando neste *momento* como *pontes entrepotências*. As maiores manifestações da energia pulsional se dão por um encontro entre emanações *livres* das polaridades às quais temos acesso quando estamos neste lugar onde existimos como pontes, ou, para usar um modo roseano de dizer: quando estamos no meio do rio, no meio do redemunho e nos tornamos uma *mes-*

tiçagem de potências. Esta mulher olha de dentro de uma exatidão, de um ponto transparente dentro do tempo *para o momento;* o momento é sempre um ponto revelador do ser *de um lugar entrepotências*, onde o ser potencializa um campo de união e de exatidão de uma amplitude de visão, a visão em perspectiva *do momento presente* e não uma visão capturada pela despotência de uma perspectiva que considera apenas o acontecido e se desprende do acontecer. O momento presente, em sua exatidão e possibilidade de criação através da energia das entrepotências, que dança entre as coisas, representa a energia de um tempo anterior a todas as polaridades, ou seja, um tempo anterior à expulsão, que se caracteriza mais como *a expulsão do presente* para a prisão em uma das duas polaridades e a impossibilidade de se mover ou habitar um lugar sem polaridades *de conexão infinita* com todas as potências e não de captura de todos os movimentos por uma gravidade de repetição, por uma ilusão de simetria, retornando para o campo da figura se abandonarmos um campo de expansão por ângulos de discernimento, pois é neste campo e nestas perspectivas da agoridade, as perspectivas do discernimento, que se dá o acontecer de um padrão harmônico de equilíbrio, ou seja, de sintonia ou de dança entre todas as potências, temporais e espaciais, e suas gradações. Pressentimos a existência de diálogos de complementariedade, inclusive entre oposições que julgávamos inconciliáveis, como matéria e antimatéria, silêncio e ruído, e outras, porque a entrepotência é uma topologia de discernimento de gradações de diversas realidades e diversas metamorfoses que são, no fundo, ambas as coisas, movimentos de um centro movido por outras pulsões, por pulsões desconhecidas do ser, e a abertura que podemos criar, compondo musicalmente o *momento* como uma abertura para perspectivas infinitas que estão em estado de sono e que podemos pressentir e discernir quando nos colocamos *justamente* em uma topologia do entre, sem esquecermos que topologia se refere a um lugar *dentro* de nós, que ao se mover para fora se torna uma pulsão do mundo. Talvez seja possível nesses campos do entre-ser uma justiça imanente, não apenas como ideia, desde que seja possível também uma mestiçagem de sentimentos e pulsões, a criação de composições nada sutis como, por exemplo, graça-doçura-rigor-amizade, resultado de metamorfoses psíquicas advindas desse nomadismo digamos absoluto na direção de um campo de sintonias e aberturas sem fim.

2
ou a Grã-sacerdotisa

Eu sou a que segue o mundo para encontrar a fonte do mundo, que como a fonte da dupla alegria, a alegria que não precisa de motivo para existir, e a alegria que não pode ser pensada ou falada, que é a substância mesma do mundo e quando a encontramos seguimos o mundo e somos a vida; não mais apenas vivemos, mas tomamos o partido da vida; é a vida quem vive, nenhum de nós vive, mas é preciso sair da frente da vida para que ela viva por si mesma e isso se chama nascer, isso se chama cair. A criação do ato como um segredo, nascer é secreto e lento. Ela diz: *eu sou a* que recebe a abertura, o ser para *o aberto* e não apenas o ser com *a abertura*, grávida do sagrado, o ser para o sagrado; eu sou a natureza, a geração oculta e velada de todos os fenômenos; eu sou a gestação dos fenômenos. Eu sou Ísis, eu sou a noite. Meu corpo é o livro entreaberto, semiaberto pela *leitura do livro do meu corpo;* aquilo que se releva na solidão do *Um* se transforma em *dois. Eu sou duas vezes o um*, *o um* à direita, *manifestação do fogo vermelho*, atividade do espírito fundando os movimentos do corpo em sua elevação dentro da matéria, campo de atravessamentos.

Eros através de mim *se une* ao *Um* à esquerda: *manifes-*

tação do fogo azul, noite do caos, fundador do mundo, fundamento das trevas onde nasce a luz do espírito e útero de todos os pensamentos que entrelaçam, prendem as emanações do corpo em um halo de emanações, mas *há um sol atrás dos pensamentos e sua luz é a intuição*. No mundo dos fenômenos predomina o princípio feminino.

A água, a água é a manifestação do espírito como energia corporal.

Eu sou o livro que a água escreve no interior do teu corpo: *a voz da água* cantando a *voz do fogo* porque a metade de água que é o corpo ama a metade de fogo que é o corpo e nosso destino é ser *a nuvem andrógina*, o atravessamento contínuo; e a percepção das coisas invisíveis nas visíveis faz nascer os atos fundadores do mundo: *o mundo se diz com um gesto duplo: nascer/ acordar.*

Coisas aconteceres longos que ocuparão todo o tempo da sua vida.

Cada dia acordamos um milímetro a mais para dentro do mundo: *nascer* exige a lentidão, a meditação, a contemplação ativa do mundo: *maravilhamento* onde os fenômenos essenciais, ou seja, o sagrado, estão escondidos no mistério híbrido fusional do amor, por isso a harmonia ama, ama aquilo que se esconde, ama esconder-se naquilo que está por sobre o natural, como um véu, e nós não vemos facilmente o véu das coisas que esconde a harmonia, porque nós somos *o véu* e precisaremos criar em nós uma ciência do silêncio, da serenidade e do maravilhamento. Que o silêncio seja nossa universidade, do desconhecido; *o véu que encobre* é uma dissolução de todas as palavras, em algo ainda não codificado; através das palavras nascemos para aquilo que não é palavra, *e, uma vez nascidos*, morremos para aquilo que é a palavra, nos tornamos *o verbo, aquilo que se esconde no nascimento, que, no fundo, é o ato de fazer nascer em nós o criador do cosmo: cosmogonia que respira.*

A terra é o Sol: a Lua é o Sol

Nosso coração é um fragmento do Sol, e nós somos o Sol dos mortos e não o contrário, como quer nos fazer crer o anjo da história. Os séculos-nada onde cada morto se torna nosso filho que não nasceu, mas é preciso amar os vivos como se ama os mortos, dançar com a própria sombra, cantar seguindo o eco da própria voz no tempo, olhar o espelho até que seu reflexo desapareça e seja inaugurada *a criação* do rosto inominável, para que se acenda *o fragmento do Sol* em nosso coração. Nosso coração é um quarto fechado onde se realiza a concepção do mundo, mas, para que o mundo nasça, temos que nascer, ou seja, viver nossa primeira morte seguida da nossa primeira ressurreição; cada um é a mãe de sua própria ressurreição. *O livro* onde todas as palavras são metade da coisa: a outra metade é a não-palavra. Como dizer o mundo com a não-palavra?

O livro de nossos pensamentos é o livro da loucura.

O livro de nossos sonhos é o livro das revelações.

O livro da nossa memória é o livro do silêncio.

A loucura elimina as fronteiras entre o sonhado e o vivido

"Nunca existiram estas fronteiras", ela diz, e a vida pode nascer dos sonhos que eliminam as fronteiras entre a vida dos deuses e a nossa. “Deuses que podem morrer são perfeitos”. Ela diz: ao desaparecer se tornam semelhantes aos outros deuses todos.

Pela loucura, as revelações dos sonhos se convertem em vida fora do sonho; através dela nossa vida deve ser ela mesma uma obra de arte do sonhar e uma obra de arte da loucura.

A liberdade ao ser imaginada se torna possível, não somos as mães do possível, mas as mães do impossível: dizem as águas do oceano dentro de nós.

Mago Imago

O primeira arco/arcano simboliza a ação originária ou o ato que origina, a atividade originária e o poder de criar que existe no ser, criar o que é capaz de criar a si mesmo como criação do mundo, atividade escultória de si ou da vida livre e consequentemente do em torno, diz um poema de Silvia Plath:

"Acho que te criei no interior da minha mente."

A mente como criadora de imagens: *Logus* e *Imagos* se equivalem nesse caso.

A figura é desenhada de pé representando *a vontade de agir que rege as forças de dentro, ou seja, a vontade de potência* citada por Nietzsche tem relação direta com este *arco que precisa ser tensionado até à beira da extinção do eu. Ele* com a mão direita segura um bastão, *o eixo do mundo que se eleva até o céu, o centro do sonhar de onde emanam todas as imagens sentidas como parte da interioridade*, a metade invisível tornada visível *através da ação do logos;* pensar como ver se torna o ato de criar *cada pensamento, é um roubo topológico da energia do mundo, ou seja, criação: imago/imaginação/imago mundis.*

Pensar é uma magia primeva/primordial.

Pensar como arte de esculpir as imagens, pensar por imagens.

A mão esquerda indica a terra, mostra que *a destinação*

do homem é a potência de sua vontade sobre o mundo, mas é um gesto triplo.

A vontade deve ser um espelho da transcendência, logo divina, e refletir a *Terra* da interioridade como uma expansão *da exterioridade da Terra*. ELE tem na cabeça *um chapéu em forma de oito deitado*. *Símbolo* do *motor contínuo* do infinito, o tempo que atravessa a si mesmo e jamais se repete, movimento contínuo *do sopro de energias* se movendo por *metamorfose* e *agindo sobre o espaço* e tempo *impensáveis*. O *cinto* é representado por uma serpente mordendo a própria cauda: *Uroboros* como centro emocional: *os ventos que se devoram e interpenetram* das emoções e sua circularidade *cósmica*, *nada deve ser retido* no ser. ELE *é a dobra que une todos os fenômenos*: pensamento e sensação como modo de *ser todos os tempos/ser todas as idades/eter(n)idades*. Pelo atravessamento, por estes atravessamentos *do pensamento até à sensação e depois de volta sem se fixar em nada*, é possível a sensação de pertencermos ao todo que é o oposto do conceito de que algo nos pertence.

Ser do Ser: eis a principal magia seguida da ultramagia do simplesmente ser: não ser algo, apenas ser.

Ele está diante da *mesa & toma o partido do banquete*.

Vital, no sentido platônico também e mais ainda no sentido *dantesco*.

Explicitado em *O Convívio* de Dante. *Ser é ser o poeta fundador de uma poderosa imagética*, *capaz de transmutar os infernos em paraísos*, *eis a magia das magias*, objetivo do *Ser no Ser e não do Ser do Ser*. É imprescindível ler Dante, nesta ordem:

O Convívio/ A Divina Comédia/ A vida nova

Livros metáforas do que está na mesa do mago: *o*

ouro/o convívio, a espada/A Divina Comédia/e a copa/a vida nova. Converter o *ouro* em *ação*, *a espada em visões ativas* e depois em *recepção do vazio criador em novas formas de viver a vida, paradisos que só respiram através do corpo/erosparadisos que são transfigurações dos espaços vazios em aberturas para a criação de mundos vivos.*

O enforcado
O sol

Mestiçagem de visões

As disposições do ser exigem que a visão que temos acordados seja como a visão do sonho. Nosso mundo real em relação ao real mundo do sonho, de onde se originam quase todas as coisas que vemos neste, está como que invertido em suas potências, as potências e coisas-seres do mundo dos sonhos, e nisto não elaboro uma dicotomia, mas uma complementariedade; são imanentes. Existe um lugar que poderemos chamar de entressonho, onde se desenvolve uma das trajetórias ou percursos dos corpos, de corpos em processo de nascimento até corpos celestes, sendo a Terra um dos elementos de ligação entre sonho e entressonho, de ligação dos dez mil seres com os céus dos céus, havendo em nosso nomadismo *um ver* ligado à copa das árvores, onde se encontram *os pés de nossos olhos*. Nossa tomada de consciência ou caminho se inicia na copa das árvores de nosso ser, podemos dizer poeticamente, não como uma habitação, mas como uma jornada, uma caminhada por dentro de lugares que aparentemente nos sonham pelo lado de fora. Ir até um lugar significa abandonar outro ou nascer. Um dos sentidos do enforcado é o que aponta para a necessidade de abandonarmos nossos hábitos mentais, a estratificação de nossas visões para podermos adentrar no mundo como um campo de desconheceres que fundam possibilidades, o que não se dá se estamos presos a uma lógica, quando a chegada ou percepção no entressonho representa o começo do mundo. É no ilógico que começamos a ver o mundo como um poema invertido e no impossível que ele escreve seus versos e o que seria isto. Ver é apenas metade do viver. Numa brincadeira etimológica, podemos cantar estes dois movimentos do ser: o nomadismo do entressonho exterior *vir* e o nomadismo do sonho interior *ver*; *ver como sonho e ver como poema exigiriam* o discernimento de três coisas, da possibilidade de uma intensificação da vida cotidiana ou, como diriam os surrealistas, a penetração do maravilhoso na vida. Ora, isso já ocorreu no primeiro ante-nascimento e irá acontecer *no sempre* até que alcancemos *o nascer* ou *a ressurreição* em uma tarde tranquila tomando um sorvete flamejante de cereja. O entressonho é um ponto de intersecção de forças que exige uma inversão da inversão, uma dobra da dobra, a junção das misteriosas linhas de realidades e o discernimento das linhas de realidades paralelas enfraquecidas ou costuradas nas zonas de lógica que ofuscam as possibilidades do impossível. Quando digo impossível não me refiro de modo algum a algo utópico, ou a um lugar sem lugar. Dentro da inversão, o não-lugar ou o lugar sem lugar são as cidades, havendo a necessidade de discernir nelas as zonas de sonho e de inter-sonho onde a natureza faz a mediação, por exemplo, parques são mediações ônticas entre as florestas (lugar) e as cidades (não-lugar). Em uma visão mais nítida, as cidades são inversões, saindo do campo dos poderes, o enforcado se associa neste campo com a imperatriz e o imperador. Temos a noção de que, nesta dança fixa da lógica, da visão lógica, do esquadrinhamento do viver e da construção de cercados para o maravilhoso, estamos como seres de cabeça para baixo e esta é a parte óbvia que esconde algo sublime, que nossa cabeça está mais próxima da Terra do que do Céu, que a ponta de nossos pés toca na verdade, no céu e se enraíza na copa das árvores. Podemos, através de um discernir este fato óbvio e quase invisível, aguardar a temporada dos frutos de nosso nomadismo, anunciada por Rimbaud, Thoreau, Bruce Chatwin, Alexandra David Nell e outros nômades, quando um efeito considerado nefasto, o desenraizamento, poderá ser intuitivamente metamorfoseado em entrelaçamento, havendo aí, como possibilidades de ser, não apenas pessoas-raízes mas também pessoas-pólen e pessoas-nuvens. Por que não afirmar que a construção de duplos tem um objetivo que é a expansão múltipla de experiências, que talvez o assaltante e o assaltado existam em um plano mais sutil e oceânico, solar eu diria, porque há um oceano dentro do Sol que podemos ouvir em nosso sangue? Por que não dizer que neste plano o assaltado e o assaltante entrem um dentro do outro? Saberes antigos falam de um estado do ser denominado *a escada*, onde as coisas em suas experiências entrariam umas dentro as outras e *entrar* é o modo dialógico *de existir* do ser em suas expansões. Quando abandonamos as projeções e seus mundos de símiles e simulações adentramos nas expansões e nos inevitáveis atravessamentos de fronteiras, principalmente de fronteiras que separam coisas e estados, um mundo que exige uma entrância e uma reentrância contínuos como um poema que exige leituras seguidas espaçadas por intervalos de tempo que revelam as diferenças entre o ser e seus estados, ou seja, que são um atravessamento também dos duplos usados para se mover no reino dos mortos, que é como chamo a civilização branca ocidental, ou no reino do culto dos mortos, que é como chamo as tradições secularizadas repetidoras de um patriarcado limitado e opaciante, onde e como os duplos se dissolvem, é a pergunta que fazem muitos dos saberes antigos desprovidos de visões dicotômicas, que veem os duplos como *uma infância do ser* que sente a vontade de atravessá-los até para criar *o desejo de fusão* que equivale a um *ouvir absolutamente o mundo* como o faz *o Sol* que de distâncias inimagináveis *ouve até que possa sonhar com a Terra e os planetas*. É também óbvio que respiramos *um sonho do Sol*: A *luz* é esta matéria a que se referiam Shakespeare e Dante, um ao afirmar que a vida é feita da mesma matéria dos sonhos e outro em seu verso mais famoso ao revelar que *o amor move o Sol*. Pois bem, este amor, que é uma vontade mais do que um interesse de atravessamento, metamorfoseia-se em uma potência capaz de produzir o desejo de equivalências e equanimidades, de ressonâncias e diálogos de tudo com tudo, porque no fundo o Sol é ele mesmo uma ressonância e equivalência dialógica de uma potência com outras potências maiores, como acontece nesses caso de amor contínuo entre a Lua e o Sol. O que estamos sugerindo aqui é que do cósmico, do celestial, do absolutamente não-humano nasce a possível transcendência do terrano em oceânico-celeste e lunar-solar, como já foi anteriormente pré-escrito por saberes originários dos cultos da Deusa ou da Musa que certamente irão ressurgir como potências no momento em que todos puderem discernir em si a fala das potências do não-humano. E o que deseja a água que somos dentro do pequeno Sol onde estamos, senão subir aos céus?

Arco noológico ou o hierofante

A hierofania é o estado de escuta *do cosmo de dentro para o cosmo de fora.*
Falar não é ver
Escutar é ver

Gestos internos são a gênese de gestos externos e a escuta dupla destes gestos é o início da manifestação de uma topologia do sagrado de uma topologia movente, uma topologia nômade. O gesto interno se movimenta por metamorfoses até compor esferas espiraladas e incandescentes através dos gestos externos, mas metade do interno é externo e há uma complementariedade entre essas duas cosmogonias sendo os movimentos que podem ser impensados ou despensados na agoridade, do dentro para o fora, nascidos de profundas paisagens internas, que vamos chamar aqui de cosmos menores, de cosmos temporais. A hierofania é justamente a caminhada por uma escuta que também é visão nos cosmos temporais do dentro, como se eles fossem espaciais. Para isso, imaginamos sermos capazes de nos tornar seres que se convertem em espaço e não apenas seres que se convertem em tempo. É o ser quem instaura uma topologia do sagrado, a partir de uma emanação indizível de suas experiências de outridade, de conhecimento dos outros que são nele não projeções mas espacialidades da interioridade se movendo em espiral, para fora, até perder-se. O movimento em espiral é um movimento para alteridades. Não por acaso as raízes das palavras 'Alto' e 'Alteridade' são similares, rizomáticas e placentárias ao mesmo tempo. Se Ele é um devir e um *Ente da Terra, dos saberes da Terra, uma rosa é oferecida para Harpócrates, o deus do silêncio, mas é uma rosa incandescente. A rosa é um ente que se coloca entre o céu e a terra porque o Devir-jardim, o Devir-floresta cria pontes entre o Céu e a Terra, pontes entre os cosmos.* Se Ele instaura uma topologia do sagrado, o amor instaura uma temporalidade do sagrado. Alguns povos chamam o sagrado de *O verdadeiro*. É como se o mundo dissesse: Eu sou a experiência que é comunicada não verbalmente, através de temporalidades verticais. O que é conhecido como Tradição não é a repetição de padrões, mas a descoberta de pontos convergentes e correspondentes dentro das experiências (não verbais). Estes pontos são obviamente inícios, princípios incandescentes de harmonias. Nele as experiências com *O sagrado*, ou seja, com *O verdadeiro*, equivalem a experiências com o indizível. Podemos afirmar então que, *desde que a linguagem é morte*, que o sagrado se manifesta como *um lugar fora da linguagem*, que muitas tradições no sentido de correspondências entre experiências reconhecem como o verdadeiro ou o autêntico *espaço do ser*, que pode ser aberto pela palavra topológica. Os próprios símbolos são espaços de mediação entre estas correspondências, espaços de mediação entre os saberes, transmissões por outras vias que não a verbal, dessas experiências que nascem diretamente do ente da Terra, da espacialidade do ser, ou seja, do que estamos vivendo ou o *transe da Terra* em seu diálogo através de nossos corpos com o céu.

4
O Impera
Dor

Eu sou a emanação do Poder que Cria a si mesmo e a si mesmo mantém, como uma dimensão paralela de uma das esferas do viver. Sou o triunfo da vontade apartada do sentimento, do fixo, da estabilidade. É certo dizer que existo em dois centros: um imóvel, que esconde a harmonia, e outro móvel, que a encobre se você amar mais às coisas visíveis-corruptíveis do que às coisas invisíveis-incorruptíveis. Serei atravessado por você, pois haverá o movimento em seu centro que será em si mesmo um padrão harmônico, porque sou a metafísica da presença, *sou a guerra dentro de você*, entre a sublimação da matéria e a sublimação da antimatéria. O plano anímico não me interessa. Tudo o que é fixo em você, tudo o que é rígido, imutável, *já é a morte*. Se você, internamente, em seu espírito, ou seja, *como condição para criar retorna-avança* até um estado larvar, tornando-se como uma célula tronco, como uma grande abertura para outras possibilidades de ser, *a partir do pensar ser* podendo tornar-se um *todo ouvidos, pés ou mãos*, você me atravessa. *Existem poderes para além do poder. O poder do silêncio, o poder de sonhar o mundo e o poder de amar.* Me sento no trono de ouro sob o signo da águia que ainda não alçou voo. A obra humana é ela mesma uma sublimação da matéria como um véu do espírito e da obra humana como um véu do sonho *da matéria.*

A matéria sonha, mas eu sou a vontade da matéria, minha perna direita dobrada sobre a esquerda desenha uma cruz, o poder humano se expande sobre todas as quatro direções, mas existem lugares da amizade das coisas pelas coisas, imunes ao poder humano. A águia irá voar e o cetro cair na água. A primeira metamorfose do Poder é sua conversão em *não-poder.* Sou vencido pela potência da fragilidade. Represento apenas a mim mesmo. Ó poderosos, quem irá protegê-los da união de todos os frágeis criando *a energia da recusa?* A teia de aranha e o vagalume, a borboleta e a joaninha sobreviverão à tempestade que irá derrubar o castelo. Atente para as perguntas que saem de mim e que ao serem o prendem em mim. Eu sou a pergunta que deve ser ignorada como pergunta, porque na verdade afirma, projeta, esquadrinha e prende.

"O que você vai ser quando crescer?"

Se realmente cresceres, serás ninguém e eu não existirei, para ti. O certo seria *errar* e dizer: Eu não existirá para ti!

Mais amor significa menos poder
Mais poesia significa menos eu
Estas são as forças da fragilidade
Que mantém o amor e a poesia no mundo.

E disse Rimbaud:

"E o arco-íris sorriu por séculos através do orvalho na teia de aranha."

Sou a grande contradição que faz a evolução entre a

vontade imperativa que organizou uma esfera de vidro em volta da esfera da vida. Sou assim, um estímulo para que se busque a vida dentro da vida, através da minha morte. *Sou o César dentro do Cristo.* Aquilo que ELE-ELA-ELOHINS deixou morrer na cruz, sou aquilo que deve morrer em você, porque, ao assinar seu nome, você na verdade assina o meu, mas fora de seu nome vivendo nele como um ovo na palha está *o pássaro da eternidade* e, sem mim, ele jamais desejaria voar porque o espírito só consegue a liberdade se lutar contra as dificuldades da vida e triunfar sobre as circunstâncias. *Os povos* nascem de grandes e inomináveis sofrimentos causados por mim mas escondo como causa destes sofrimentos *no motivo de haver infinitas possibilidades de harmonia no mundo, ou seja, em você.*

Me encontre.

Arco XX O julga mento

O anjo (mediador) habita o círculo, eis o sentido da topologia

Os lugares querem nos acordar
Sonhos nômades que se repetem com variações

Os lugares uns dentro dos outros ao serem desnomeados se tornam topologias de mediação e são capazes de desnomear os entes

O olhar e voz da *Água Mãe*
O olhar e voz do *Ar Pai*
O olhar e voz do *Fogo Filho*

Terra como *Transe Topológico*
mediativo
metade do arco do *Anjo*

O filho-filha ainda não está completo e emerge do meio dos mortos para a ressurreição através *do verde do jardim*

Segundo arco do *Anjo*
havendo a criação e luta com os duplos
Imagem e *semelhança*

Habitamos topologias de atravessamento
Princípio do acordar
Atravessar todas as imagens

Eis a primeira revelação: cada imagem possui sua parte invisível *fora do nome*, todos são três e vivem um de cada vez
na osmose se realiza a segunda revelação, revelações são atravessamentos
no sentido oposto estamos *no fora múltiplo* e não em nós

Somos os três estados topológicos semifixos
HOMEM, MULHER E CRIANÇA
e os três estados topológicos moventes
ANIMAL, ANJO E NINGUÉM

Através do animal: a ressurreição do homem
Através do anjo: o retorno ao jardim-selva
Ser Ninguém é grande despertar: Ninguém equivale à desnomeação e ao despensamento do próprio eu

Desvelamento do estado da interioridade dos atores-atrizes

Em uma porosa zona topológica de mediação entre o animal e o anjo fora dela, o estado de nomeação é um sono que o espírito atravessa.
O espírito sai do nome e viaja até às imagens podendo ficar preso *nas ramagens de algumas imagens*, principalmente *na semelhança*
(ESPELHO)
O anjo se manifesta no espírito como *entusiasmo sem forma.*
Nascemos longamente como já foi dito.
Mas renascemos atualmente a cada recuperação da consciência do presente do entusiasmo, como *um lugar movente* que nos leva com ele para O FORA MÚLTIPLO, ou seja, para o mundo. Nossa ressurreição acontece sem que nos demos conta disso. Porque ela CRIA A SEMELHANÇA entre os tempos e os *êxtases* chamados de *sopros divinos* ou simplesmente *respiração* que não é nossa mas
DO MUNDO

Nós somos a respiração do mundo
e somos de certo modo julgados por nossos duplos em nossos fracassos maravilhosos.

A cada ressurreição damos um passo na direção *do jardim-selva de ninguém, do oceano de ninguém, da floresta invisível de ninguém* e nestas topologias moventes nossas imagens irão desaparecer *dentro da semelhança.*

Arcos finais: O mundo roda o louco

O movimento incessante das esferas não acontece como um evento e deve ser discernido como anúncio de um nascimento que só pode acontecer na impossibilidade. Saímos de uma esfera, de uma roda menor para outra maior e nosso nomadismo é no sempre e na direção de esferas cada vez mais incomensuráveis e extraordinárias, de uma esfera de visitação onde se deu a primeira escultura do ser, mas apenas como forma (útero) até outra esfera, onde o Ser deve esculpir a si mesmo, mas não apenas como forma mas como *abertura* e *obra de arte*.

Temos então o *artesanato físico naturante* da primeira esfera e *a arte escultória* a partir das potências da interioridade, que são os saberes intuitivos que ajudam a realizar a conversão das experiências, sensações em *sensibilidade escultória do Ser*; dentro da *segunda esfera (mundo)*.

Os movimentos das duas esferas escondem rastros harmônicos e esse processo de discernimento dessas harmonias que amam se esconder podemos chamar de *conversa com a esfinge*.

Os movimentos de nomadismo exterior-interior na primeira esfera podem ser chamados de começo do nascer e os movimentos na segunda esfera ou segundo útero terrano podem ser chamados de *decisão de nascer atravessando a impossibilidade*.

A singularidade é um movimento de discernimento de quais movimentos nascem a partir das forças de dentro e quais nascem a partir de uma cartografia destinatória, ou seja, de devires noticiados pelas escrituras hieroglíficas dos encontros com os corpos aparentemente exteriores ou o que os saberes chamam de *sonho do mundo*.

Todos os nossos movimentos de nomadismo na segunda esfera são movimentos em circularidades dialógicas.

Os movimentos de nomadismo dialógico que chamamos de conversas, diálogos, são para o Ser o mesmo que *o sonho* ou *o surto*.

Não havendo diferenciação potencial entre *conversa, sonho, caminhada e surto*.

São movimentos *da roda do nascer*, e a percepção dos lugares de sonho dentro destes movimentos são processos de nascimento escultório do ser, fora do nome e na direção do *nume*, do numinoso.

Isso exige uma negação da essência, da nuclearização do ser em vestes do silêncio, ou seja, a nuclearização envoltória das palavras precisa ser atravessada para que possamos discernir através dela os rastros harmônicos do *despensamento* que estão atrás do pensamento. *Os rastros harmônicos* são aquilo que o véu esconde mas estão escritos no véu pela força dos riscos que trincamos que pode ser nomeado e capturado através de esquemas lógicos, ou seja, *é no ilógico que se move o ser*, as possibilidades de continuidade do nascimento que é algo que jamais se completa, jamais se completará porque não é pessoal, não é individual; o nascimento de uma coisa não pode ser separado do nascimento do mundo.

As circularidades em espiral são verticais-ascensionais e levam para dentro do ser.

As circularidades em expansão horizontal levam para *o fora*, *nas florestas da alma*, que são a placenta rizomática das potências: os movimentos de nomadismo que são camadas do nascer devem se realizar como espirais horizontais.

A primeira placenta sinérgica é a conversa silenciosa com os amigos e amigas que cria os duplos incendiados das transparências.

O incêndio das projeções é um dos lugares onde começa a terceira camada do nascer que vamos evocar aqui como *sair da roda menor do círculo menor* para se perder para sempre no *círculo maior*.

Entre o círculo maior e o menor está *o deserto e a esfinge* que nos espera no lugar de nosso nome vê a pergunta *que nos fará nascer*.

Este livro foi impresso na tipologia Janson Text sobre papel Pólen Soft 90 g/m2, corpo 11 por 16, pela gráfica Nossa Impressão, Rua da Mooca, 390, São Paulo-SP, para a Editora e Livraria Letra Selvagem,